팔기라

-깊은 산속의 기적-

강병국 지음

차 례

팔미라 -깊은 산속의 기적-　　　　　　　　　　　　　　　**07**

이타적 시원(始原)을 회복해가는 신성한 노동 -팔미라 작품세계-　　**69**

(키르기스스탄 전통문양)

인간은 자신의 이익을 위해서만 선택하지만
자연은 자신이 돌보는 모든 존재를 위해 선택한다.

- 찰스 다윈

팔미라

-깊은 산속의 기적-

41년 전 어느 겨울날이었다.

설원(雪原)의 늑대가 주둥이를 하늘로 치켜들고 울부짖는 것처럼 바람은 음산하고 난폭했다.

살갗에 와 닿는 찬바람이 가슴을 서늘하게 하는 이른 아침, 나는 냉기를 가르며 산행에 나섰다.

그곳은 가야(伽倻) 시조 김수로왕(金首露王)의 부인 허황옥(許黃玉)이 일곱 아들을 승려가 되게 했다는 이야기가 전해져 오는 해발 802m의 불모산(佛母山) 자락이다.

동쪽 산마루에는 장유사(長遊寺)가 있다.

기록에 의하면 인도(印度, India) 아유타국(阿踰陀國)의 태자이자 승려였던 장유화상(長遊和尙)이 가락국(駕洛國) 김수로왕의 왕후가 된 누이 허씨와 함께 이곳으로 와서 창건했다고 한다.

장유사는 우리나라 남방불교 전래설을 뒷받침하는 선찰(禪刹)이다.

산의 서쪽 기슭에는 신라 흥덕왕 10년에 창건했다는 천년고찰 성주사(聖住寺)가 있는데 이곳 마을 사람들은 곰절이라고 불렀다.

임진왜란으로 소실(消失)된 성주사를 다시 지을 때 곰이 하룻밤 사이에 목재를 옮겨놓아 불사(佛事)를 도왔다고 해서 그렇게 부른다고 했다.

주민들은 이 산에 물이 많은 것은 이름이 불모(佛母)라서 그렇다고 여겼다.

산자락에는 춘분(春分)이 가까워오면 진달래꽃이 온 산을 붉게 물들였고, 소서(小暑) 무렵엔 싸리 꽃이 지천(至賤)으로 피었다.

산이 꽤 높고 고찰(古刹)이 있는데다 상수원보호구역이자 그린벨트지역으로 숲과 하늘만 보이는 깊은 산속이다.

이곳에는 1급수에만 산다는 가재와 우리나라 고유종인 고리도롱뇽도 살고 있다.

나는 그동안 다니는 길을 마다하고 새로운 길을 개척해갈 요량으로 성주사 아래쪽에 있는 수원지 끝자락의 왼쪽 골짜기를 따라 올라갔다.

사람은 때로 새 길을 열어 가다 어려움에 직면하기도 한다.
오랫동안 인간의 발길이 닿지 않은 곳에 길을 만들어 간다는 것은 만만한 일이 아니다.

게다가 골바람이 마치 성난 여인이 머리카락을 쥐어뜯는 것처럼 거칠고 을씨년스럽다면 새로운 길 개척은 더욱 힘이 들기 마련이다.

빽빽하게 들어찬 나무들 사이로 가시덤불을 헤치고 제법 걸어갔을 때였다.

그곳에 한 남자가 낫으로 덤불을 걷어내고 톱으로 잡목을 베고 있는 모습이 어렴풋이 보였다.

살을 에는 추위에 무엇인가를 열심히 하고 있는 사람이 궁금해

팥시라 - 깊은 산속의 기적 -

다가갔다.

그는 내가 가까이 갔는데도 아랑곳 하지 않고 자신의 일을 했다.
마치 사람에게는 별 관심이 없다는 듯이.

나는 한참 그를 바라보았다.
그는 자신이 하는 일에 혼신의 힘과 정성을 쏟아 마치 수련(修鍊)하는 사람이 명상(冥想)에 빠져든 것처럼 보였다.

고독과 침묵에 투신한 것 같은 그를 보며 어떤 엄숙함과 경건함이 느껴졌다.

옷은 허름했으나 눈매는 살아 있었고 표정은 온화했다.
성품은 너그러우면서도 확신에 차 있는 것처럼 보였다.
그가 말을 하지 않았기에 나도 말을 하지 않았다.

너무 오래 말을 하지 않아 순간적으로 말을 잃어버린 사람은 아닐까하는 생각이 들었다.

그에게 말이란 거추장스럽고 가식적인 것인지 모른다.
어떻게 보면 그의 침묵은 모호하다.

명확성은 모호성을 배척하지만 모호성은 명확성을 수용한다는 것을 알 것만 같았다.

그는 모호성을 가지고 놀 줄 아는 사람처럼 보였다.
나는 그가 말을 하지 않았기에 예사로운 존재가 아니라고 짐작했다.

일에 열중하던 그가 낙엽이 쌓인 땅바닥에 잠시 앉으라는 눈빛을 보내는 것 같기도 했다.
그는 내게 물과 과일을 나눠 주었다.
앉아 있을 때도 그는 말하지 않았다.
그저 땀을 닦고 숨을 고르는 것이 전부였다.

물과 과일을 먹은 뒤 그는 톱과 낫을 들고 다시 작업을 하기 위해 일어섰다.

묵묵히 자신의 일을 해야겠다는 의지가 보였다.

나는 아쉬움이 있었지만 감사의 뜻으로 묵례(默禮)를 하고 자리에서 일어났다.

내가 길을 묻지 않았기에 그도 따로 길을 알려주지 않았다.

나는 덤불을 헤치고 겨우 길을 찾아 두 시간여의 산행을 마치고 집으로 돌아왔다.

함께 했던 시간은 짧았지만 왠지 그가 깊이 모를 굳건한 우엉의 뿌리 같다는 생각이 들었고, 함부로 옮길 수 없는 큰 바위 같은 느낌이 들었다.

그와 함께한 시간은 평화로웠다.

그해 1979년은 중앙정보부장 김재규가 박정희 대통령을 저격하고, 전두환 장군 주도로 군사쿠데타가 일어났다.

민주화를 열망하던 국민들의 기대는 무너졌다.

이미 상반기에 2차오일 파동, 부마항쟁(釜馬抗爭) 등으로 혼란해진 정국은 국가원수 시해(弑害)사건이 발생하면서 걷잡을 수 없는 지경에 빠져들었다.

　그날 밤 세상과는 초연한 듯 땀 흘리던 그 사람을 생각했다.
　세상이 어수선한데도 추위도 아랑곳 하지 않고 묵묵히 자신의 일을 하던 그가 자꾸 떠올랐다.

　세상에는 내가 알 수 없는 일도 벌어지고 있구나 하는 생각이 들었다.

　가끔은 우리가 옳다고 여긴 것이 진정한 것이 아니고, 우리가 생각하는 것이 선(善)이 아닐 수도 있으며, 가치 있는 일은 따로 있을지 모른다는 생각이 들었다.

　그로부터 열흘가량 지나 배낭을 메고 다시 산행에 나섰다.
　소한(小寒)을 눈앞에 두고 있었기에 날씨는 여전히 추웠다.
　예전에 갔던 그 골짜기를 따라 올라갔다.

찔레라 - 깊은 산속의 기적 -

운이 좋다면 그 사람을 만날지도 모른다는 생각을 하면서.

며칠 전 살짝 내린 눈(雪)으로 길이 미끄러웠다.
골짜기를 한참 올라가 두리번거리며 찾아보았지만 그는 보이지 않았다.

그를 만나면 궁금한 것들을 물어보고 싶었는데 아쉬웠다.

그가 전에 일하던 곳을 살펴보았다.
잡목들을 제거한 곳은 정돈돼 있었고 가시덤불은 한곳에 쌓여 있었다.

이곳 저 곳에 흩어져 있었던 바위도 한 곳에 모아 두었다.
특별한 장비 없이 어떻게 옮겼을까 궁금했다.

이곳에 밭을 일구거나 과수원을 조성할 것이라는 추측이 들었다.
그는 없지만 지난 날 그와 함께 있었던 장소에 잠시 앉아보았다.
짙은 눈썹에 그윽한 눈빛, 과묵한 표정이 자꾸만 머리에 떠올랐다.

문득 이상한 생각이 들었고 제행무상(諸行無常)이라는 단어가 떠오르기도 했다.

그날따라 발길이 무겁고 마음은 어두웠다.

대한(大寒)을 지난 어느 날 나는 다시 그 사람을 찾아 볼 작정으로 아침 일찍 산에 올랐다.
날씨는 그렇게 춥지 않았다.

머지않아 봄이 올 것이라는 생각이 들었고, 그 사람도 봄을 준비하며 무엇인가를 일구고 있을 지도 모른다고 여겼다.

골짜기 곳곳에는 토끼 배설물이 있었다.
인기척에 놀란 고라니는 힘차게 달아났고, 화들짝 놀란 꿩이 '푸드덕 꿩-꿩-' 하며 푸른 날갯짓을 했다.

엄동설한(嚴冬雪寒)에 저들은 무엇을 먹고 살까?
산짐승과 날짐승들은 극한상황을 이겨내야 하는 운명을 타고

났으니 안쓰럽고 걱정이 되었다.

아직 추위가 가시지 않아 봄을 알리는 새들의 노랫소리는 들리지 않았다.
간혹 딱따구리 소리가 골짜기의 정적을 깰 뿐 숲은 적막했다.

그날도 숲속에 사람은 보이지 않았다.
그가 일했던 곳에 누군가 다녀간 흔적은 없었다.
신념을 가지고 일하던 사람이 보이지 않으니 이런 저런 생각이 들었다.

퍼뜩 '어쩌면 인연은 여기까지 인지 모른다'는 생각이 스쳤다.
세상에는 하도 험하고 예측할 수 없는 일이 많이 벌어지기에.

그에게 무슨 갑작스러운 일이 생기지 않았기를 바라면서 발길을 돌렸다.
걷는다는 것은 수행이고 명상이며 돌아봄이다.
나는 길을 걷고 후회해 본 적은 없다.

산행은 언제나 잠자던 의식을 깨우며 많은 것을 느끼게 한다.
고대했던 사람을 만나지 못했지만 땀과 상쾌함을 얻고 돌아왔다.

그로부터 며칠이 지나 산행에 나섰다.
입춘(立春)이 가까워졌지만 봄이 오기엔 이른 듯하였다.
을씨년스럽게 한기가 엄습했다.

여느 때처럼 골짜기를 따라 산길을 걸었고 가시덤불을 헤쳐 그 사람이 일했던 곳으로 찾아가 보았다.
멀리 숲속에 사람이 어른거리는 것 같았다.
잔뜩 찌푸린 날씨였지만 그는 톱과 낫으로 공간을 확보하며 일을 하고 있었다.

그가 건강한 모습으로 숲속에 있는 것이 마냥 반가웠다.

'기우(杞憂)였구나'하고 안도의 한숨을 쉬었다.
그에게 다가 갔지만 예전처럼 말없이 자신의 일에 열중하고 있었다.

팔미라 - 깊은 산속의 기적 -

언뜻 눈빛으로 나를 맞이해 주는 듯 했다.
나는 그동안 이곳에 나오지 않은 이유를 조심스럽게 물어보았다.

그제서야 그는 말문을 열었다.
그는 슬픈 표정을 지으며 "아버지를 멀리 떠나보냈다"고 했다.
아버지를 보낸 것은 지독한 상실이었다고 했다.
그는 이틀 동안 식음을 전폐하고, 침묵의 몇 날을 경건한 마음으로 두문불출(杜門不出)하며 보냈다고 했다.

여섯 형제 중 다섯째로 태어난 그는 막내를 안은 어머니의 등 뒤에서 잠을 잤고, 어머니로부터 사랑을 많이 받지 못했기에 마음을 아버지에 기대어 살았다고 했다.

형제들보다 상대적으로 사랑을 덜 받은 것이 그에겐 큰 아픔이 되었다.

이는 그에게 투쟁심을 불러일으키는 동력(動力)이 되었고, 생애(生涯)에 적잖은 영향을 미쳤다고 했다.

그리하여 그는 사람보다 더 그를 따뜻하게 감싸 준 자연을 믿고 의지하게 되었다고 했다.

그는 강대국의 왕이나 장군의 아들이 아니라 말구유에서 핍박받은 민족의 가난한 목수아들로 태어난 예수가 인간의 죄를 대속(代贖)하고, 마침내 하느님의 아들이 된 것은 매우 극적이라고 했다.

이와는 반대로 왕의 아들로 태어났지만 안락(安樂)한 삶이 보장된 왕궁을 뒤로 하고 진리를 찾아 나서, 고행 끝에 깨달음을 얻은 붓다를 본받으려는 사람들이 끊이지 않는 것도 놀라운 일이라고 했다.

그런가 하면 고아로 자라 명상과 기도로 대천사 가브리엘을 만나 알라신의 계시를 받아 이슬람을 창시했다는 마호메트도 인류를 대표할 만한 훌륭한 사람의 표본일 수있다고 했다.

그는 예수나 붓다와 마호메트는 인류의 영적 지도자로 추앙받아야 하지만, 육체적인 문제를 해결해 주는지에 대해서는 의문이

라고 했다.

 자연은 정신적인 것에 더해 수많은 생명체들에게 먹이를 제공해 주기에 가치를 가늠하기 어렵다고 했다.

 그는 신(神)은 이야기 속에 존재하고 자연은 예수나 붓다, 마호메트를 낳았다고 했다.

 그런 자연을 가장 심오하게 꿰뚫어 본 사람은 노자(老子)였고, 자연을 통해 생명의 기원과 동식물의 존재 과정을 과학적으로 규명하려고 한 이는 찰스 다윈(Charles Darwin)이라고 했다.

 그는 3천여 평(9900㎡)의 땅을 가지고 있다고 했다.
 이 땅은 평택에서 창원으로 이사 온 마음씨 고운 농부 최씨 부부가 그에게 무상으로 주었다고 했다.

 그는 최씨 부부와 깊은 신뢰관계를 유지해 왔을 뿐인데 땅을 얻는 행운이 왔다고 했다.

세상에는 뜻하지 않는 일도 일어난다고 그가 말했지만 나는 믿기지 않아 다시 물어 보았다.

"아무리 좋은 사람이라 할지라도 어떻게 그 많은 땅을 그냥 줄 수 있느냐?"

그는 "인연 따라 그런 일이 일어나기도 한다"고 했다.
조건 없이 받았기에 젖과 꿀이 흐르는 땅을 만들어 사람들이 안식을 취하고 명상하는 열린 공간이 되도록 할 것이라고 했다.

나는 '세상에는 믿을 수 없는 일이 벌어지기도 하는구나' 라고 생각했다.

그는 문득 자신이 너무 많은 말을 한 것 같다는 생각이 들었는지 서둘러 자리에서 일어나 작업을 시작하였다.

나도 일어나 산행 길에 올랐지만 머릿속에는 온통 그 사람 생각으로 가득 찼다.

짱시라 - 깊은 산속의 기적 -

남들이 알아주지 않아도 신념에 찬 모습으로 어떤 결과를 만들어 내려는 사람의 모습은 구도자(求道者) 같다는 생각이 들었다.

봄이 오자 나는 군에 입대했다.
내가 근무한 곳은 서부전선 백마부대(보병 9사단) 포병966 브라보포대(155mm 곡사포)였다.

경상도에서 태어나 파주에서 복무했으니 남한에서는 거의 끝에서 끝까지 간 셈이다.

"아느냐 그 이름/ 무적의 사나이/ 세운 공도 찬란한/ 백마고지 용사들
 정의의 십자군/ 깃발을 높이 들고/ 백마가 가는 곳에/ 정의가 있다…"

월남 파병부대로 서울과 인접한 서부전선을 지킨다는 자부심 뒤에는 얼음 같고 서슬 퍼런 군기가 있었다.

군대는 사회생활의 단절이고 생각의 자유가 날개 접는 곳이다.
하지만 세상에 무의미한 시간이란 없다.
나는 군대에서 인내심과 강인함, 협동심과 애국을 배웠다.
2년 10개월여 간의 국방공부를 마치고 돌아왔다.

마을의 앞산과 뒷산에 대나무를 걸쳐도 되겠다는 산골 출신 가난한 청년에게 직장은 생명줄이다.

제대 후 2년여 동안 시험공부 끝에 어렵사리 신문사에 몸담게 되었다.
내가 기자(記者)가 되었을 때 가장 기뻐해 준 사람은 아버지였다.

시골에서 잠시 공직 생활을 한 후 농부로 사신 아버지의 취미는 신문을 보고, 스피커에서 흘러나오는 방송 뉴스를 듣는 것이었기에 내가 '뉴스의 생산자'가 되었으니 당신의 기쁨은 이루 말할 수 없었다.

나는 포성(砲聲)과 사나이들의 억센 힘이 용솟음치는 군 생활에서

벗어 난데다, 미래가 보장된 직장을 얻어 심리적 안도감이 생겼다.

고요하고 평화가 깃든 생활로 접어들자 비로소 예전의 그 산행 길이 생각났다.

나는 그동안 직장을 구하고 바쁜 일상생활로 숲에서 터전을 일구던 그 사람을 까맣게 잊고 지냈다.

사람이란 자신에게 닥친 일이 힘들거나 목적지에 도달하기 위해 치열한 경쟁에 나서면 예전의 일을 가끔 잊곤 한다.

많은 세월이 흘렀는데 그 사람이 지금도 그곳에서 가나안을 만들고 있을지, 아니면 다른 일을 찾아 나섰는지 궁금해졌다.

장맛비가 내리는 어느 여름날이었다.
비오는 날 산행은 깊이 침잠한 능선, 요정(妖精)이 나올 것 같은 계곡, 적막에 쌓인 산사(山寺)를 볼 수 있는 호젓함이 있다.

그곳에 당도하자 낮은 구름 사이로 어렴풋이 사람이 보였다.

가까이 다가가 보았다.
예년과 다름없이 그의 몸짓은 확신에 차 있었다.
제법 넓은 땅에는 사과나무를 비롯해 배나무, 감나무, 대추나무, 무화과나무, 체리나무, 자두나무, 살구나무, 복숭아나무, 앵두나무, 비파나무, 호두나무, 석류나무 등 수많은 과수가 푸름을 뽐내고 있었다.

한쪽에는 2백여 평(660㎡) 규모의 세심전(洗心田)이라는 밭이 있었다.
그는 밭이 약(藥)이라고 했다.
그곳에는 고추, 가지, 상추, 배추, 부추, 고구마, 감자, 오이, 땅콩, 마, 수박, 딸기 등 갖가지 채소들이 싱그럽게 자라고 있었다.

나는 자연의 향기가 가득한 과수와 야채를 넋을 잃고 바라보았다.
자연은 우리가 필요한 것을 주기에 구원자(救援者)이다.
대수롭지 않던 가시덤불이 기름진 땅으로 변해 있었다.

팔시라 - 깊은 산속의 기적 -

그는 풀을 뽑던 일을 잠시 멈추고 나를 맞이해 주었다.

나는 그때서야 그의 이름을 물어보았다.

그는 서원열(徐源烈)이라고 했다.

올해 나이 쉰다섯이라고 했다.

이곳은 개발이 제한된 지역이어서 산의 형질을 변경하는 행위는 법에 저촉되기에 건설장비 없이 손으로 밭과 과수원을 일궜다고 했다.

혼자서 일군 것은 고독과 침묵을 벗으로 하는 그에게 알맞은 것이기도 했다.

그는 자연퇴비를 주로 쓴다고 했다.

채소와 과수에 병충해가 생기면 목초액을 썼고, 심할 경우 농약을 사용한다고 했다.

의외로 그는 농약을 사용하는데 대해서는 관대했다.

사람이나 가축이 병 들면 약을 쓰는데 식물도 병이 생기면 약을 치는 것은 자연스러운 일이라고 했다.

지난해부터 수확한 과일들은 자신과 주변사람들이 나눠 먹었고, 남은 것은 가난한 이웃들에게 나눠주었다고 했다.

땅과 하늘이 허락한다면 내년부터는 더 많은 과일과 채소를 수확해 여러 사람들과 함께 먹을 수 있을 것이라며 기대감에 부풀어 있었다.

혼자서 삽과 괭이, 톱과 낫으로 황무지나 다름없었던 땅을 옥토로 바꿔 놓을 수 있다니.
나는 한 사람의 의지가 신에게서나 가능한 듯한 에덴동산이나 불국토(佛國土)를 만들 수도 있구나 하고 생각했다.

그것은 개인이 할 수 있는 진정한 혁명이고 하나의 완성이며, 지속가능한 미래를 약속받는 행위라고 여겼다.

정보가 많은 것은 욕망하는 것이 많다는 것이고, 필요한 것이 많다는 것은 그만큼의 걱정과 일이 많아지는 것이다.

한 인간이 욕망으로부터 자유롭고 신성한 노동에 참여해 자연을 닮은 삶을 살아가면서 성취하는 현장을 목격한다는 것은 행운이다.

이기적인 생각을 버리고 가치 있는 일에 몰두해 많은 이들에게 기쁨과 위안을 준다면 우리는 그를 고결한 정신을 가진 영혼으로 여겨도 좋을 것이다.

그는 그곳을 팔미라(palmyra)라고 불렀다.
팔미라는 시리아에 있는 사막 속의 오아시스로 실크로드의 중심지였다.

팔미라의 여왕 제노비아는 군인으로서 뛰어난 능력을 가지고 있었고, 학문에도 조예가 깊어 로마와 페르시아 사이에서 번영을 구가했다.
하지만 그들의 부를 탐낸 로마제국에 흡수되어 팔미라는 역사의 뒤안길로 사라졌다.

과수원과 밭 주변 그리고 성주사 가는 길에서 팔미라까지 편백나무가 열병식 하듯 서 있었는데 제법 청년의 모습이 되어 있었다.

그는 1.5m 간격으로 심은 묘목이 지금은 다소 멀어 보여도 크게 자라면 적당할 것이라고 했다.
나무도 서로 닿으면 스트레스를 받기에 최소한의 거리가 필요하다고 했다.

나는 편백나무가 심겨진 진입로는 누구의 땅이냐고 물어보았다.
그는 모른다고 했다.
이 편백나무가 30~40년이 지났을 때를 상상해 보았다.

팔미라를 향하는 길목은 양쪽 편백나무가 어깨를 맞대어 사람들에게 피톤치드를 쉴 새 없이 뿜어낼 것이고, 지친 영혼들에게 위안과 안식을 줄 것이라는 생각이 들었다.

그 길을 걸으면서 사람들은 나무를 심은 사람을 생각할지도 모를 일이다.

나무에 앉은 새들과 곤충들에게는 쉼터와 먹이 터가 될 것이다.
그는 모든 식물은 개체수를 늘리기 위해 격렬하게 다툰다고 했다.
이들 편백나무도 햇빛과 물과 양분을 놓고 일생동안 경쟁할 것이라고 했다.

식물도 동물과 마찬가지로 상호작용하고 충돌하며, 모든 생물의 세계는 활기차고 건강하며 행복한 것들이 살아남아 번식할 것이라고 했다.

더 높은 곳으로 나아가기 위해서는 안타깝지만 인간이나 동식물은 치열한 투쟁 상태에 있어야 한다고 했다.
그는 생존 투쟁은 같은 종의 개체 사이에서 심하게 일어난다고 했다.
이는 같은 먹이를 필요로 하고, 비슷한 위험에 노출되기 때문이라고 했다.

한 종류만 있는 과수원에 병해충이 많은 것은 우연(偶然)이 아니라는 것이다.

그래서 그는 진입로만 단일수종으로 했을 뿐 과수원에는 한 종류의 과수를 세 그루 이상 심지 않았다.

과수농가에서는 보통 한 그루에 한 포대씩 거름을 주는데, 이는 나무의 건강보다 수확을 더 중요하게 여기기 때문이라고 했다.

팔미라에서는 자연퇴비가 모자랄 경우 구입한 거름 한 포대를 예닐곱 그루에 나눠 주었다.

그렇게 하면 나무가 지나치게 비대해져 빨리 늙는 것과 병치레를 막을 수 있다고 했다.

그는 나무를 혹사시키지 않는 것도 자연에 대한 도리라고 여겼다.
일반적으로 과수는 50~100년을 살 수 있지만 과수원의 과수는 길어야 20~30년이라고 했다.

그는 채소밭에도 거름을 지나치게 하는 것을 삼갔다.
그는 과잉을 경계했다.

과잉으로 인해 언젠가는 생각지도 않은 바이러스가 지구촌을 휩쓸어 사람들을 위협할 것이라고 했다.

이는 인간의 과욕과 교만에서 시작되어 무능과 한계를 드러낼 것이며, 인간은 바이러스와 힘든 싸움을 벌일 것이라고 했다.

그 때는 모든 것이 미심쩍어지고 이웃을 의심하게 될 것이라고 했다.

그는 수확한 과일을 팔아 돈을 번다는 생각은 해본 적이 없다고 했다.
많은 사람들이 다양한 나무를 바라보면서 계절 따라 각기 다른 꽃과 열매를 감상하는 것은 즐거운 일이라고 했다.

그는 수확한 과일을 맛보는 것을 원초적인 행복으로 여겼다.
그 과일을 더 많은 사람들이 조건 없이 먹을 수 있다면 기쁨은 충만해 질 것이라고 했다.

채소밭에도 한 종류를 많이 심는 것은 삼갔다.
세 이랑 이상 같은 식물을 심지 않았다.
그는 하루가 다르게 자라는 채소를 바라보는 것은 희열이라고 했다.

그로부터 얼마 후 나는 원시 자연 늪을 지키기 위해 작지만 아름다운 환경단체를 결성하여 지킴이를 자처하고 나섰다.

등산을 통해 자연을 배우고 지켜야겠다는 결심을 하게 되었고, 자연을 닮아가는 사람들과 함께하고 싶었다.

미래 세대에게 환경의 중요성을 일깨우기 위해 청소년들을 참여시켜야 하고, 훼손과 오염행위를 감시하기 위해서는 잠들지 않아야 한다고 생각했다.

땅을 구입해 건물을 짓고 인적(人的) 구성을 하는 등의 일로 한동안 서원열에 대한 생각을 하지 못했다.
환경단체도 그런대로 자리가 잡힌 4년 후 그를 찾았다.

필시라 - 깊은 산속의 기적 -

진입로의 편백나무는 윤기를 더했다.

팔미라 가는 길 오른쪽에는 옹달샘이, 왼쪽에는 둠벙이 있었다.

옹달샘은 어렴풋이 그때도 있었다는 생각이 들었고 둠벙은 처음 보았다.

그는 다람쥐와 노루, 고라니, 직박구리, 휘파람새 등 많은 생명체들이 옹달샘에 와서 물을 마시는 것을 보았기에 주변을 가꾸었다고 했다.

예전부터 있었다는 둠벙은 많은 생명체들이 살 수 있도록 1m가량 더 파고, 열 평(33㎡) 남짓의 반원형으로 규모를 넓혔다고 했다.

둠벙에는 우수(雨水) 무렵이면 산개구리들이 "호르르 호르르릉, 호르르 호르르릉…"하며 집단으로 구애(求愛)하는 노래를 불러 숲이 떠들썩했다.

이들 산개구리와 물속 봄의 전령사(傳令使) 도롱뇽이 산란을 하면 물이 온통 까맣게 되었다.

둠벙 생태계가 좋아지자 잠자리유충이 늘어나면서 여름철엔 공룡시대를 연상케 하는 왕잠자리, 고추잠자리. 실잠자리, 노랑허리잠자리, 나비잠자리 등 헤아릴 수 없이 많은 종류의 잠자리가 비행(飛行)해 잠자리 천국이 되었다.

어떤 땐 멸종위기종인 대모잠자리도 관찰되었다.
늦여름 한낮, 가끔 고추잠자리가 서원열의 어깨나 모자에 내려앉기도 했다.

봄부터 가을까지 과수와 채소들이 꽃을 피울 때면 호랑나비, 꼬리명주나비, 은점표범나비, 산호랑나비, 사향제비나비, 모시나비 등 온갖 나비들이 춤추는 여인의 소맷자락처럼 하늘거렸다.
가끔 멸종위기종인 붉은점모시나비와 은줄팔랑나비 등도 관찰되었다.

그는 나비들은 천적의 표적이 되는 것을 피하기 위해 상하좌우 지그재그로 날아다닌다고 했다.

나비들은 잡아먹히지 않으려고 포식자가 기피하도록 맛이 없거나 독이 있는 것처럼 위장하는 베이츠 의태(擬態)를 한다고 했다.

그는 이를 "약자가 살아남기 위한 진화의 산물"이라고 했다.

언제인지는 모르게 우리 곁에서 소리 없이 사라진 희귀 야생동물들도 돌아왔다고 했다.

상류지역에 오염원이 없어 옹달샘은 수정 같았고, 둠벙에는 열목어, 산천어, 버들치 등이 활기차게 유영하고 있었다.

여름철엔 물방개, 물 땡땡이, 소금쟁이, 장구애비, 송장헤엄치게 같은 수서곤충들이 제 세상인양 분주했고, 가래, 고마리, 속새 등 물풀들도 세력을 넓혀가고 있었다.

그는 이곳에 왜가리와 쇠백로, 황로 등이 날아와 물고기와 수서곤충을 잡아먹어 생태계의 균형이 무너질까 걱정이 되었다고 했다.

그래서 둠벙의 3분의 1 가량은 가림막을 설치해 물고기와 수서 곤충들이 천적인 새들로부터 숨을 수 있도록 해 주었다.

그는 무엇보다 생태계 먹이사슬의 중간자 위치에 있으면서 습지 생태계의 중요한 연결고리 역할을 하는 개구리를 좋아한다고 했다.

어떤 땐 물과 뭍을 오가는 개구리를 관찰하느라 하루해가 저무는 것도 몰랐다고 했다.

둠벙 주변에는 한여름 다산(多産)을 상징하는 원추리가 만발해 매우 아름다웠다.

그의 손길이 닿는 곳마다 싱싱한 채소와 과수들이 힘차게 뻗어 가고, 옹달샘과 둠벙, 그리고 수변(水邊)에는 생명체들로 넘쳐났다.

그는 과일을 모두 수확하지는 않는다고 했다.
우리 조상들이 까치밥을 남겨 둔 것처럼 적어도 한 그루에 열대

팡시라 - 깊은 산속의 기적 -

여섯 개 정도는 그대로 두었다.

 과수와 채소밭을 일군 뒤 멧돼지들이 출몰해 나무가 뿌리째 뽑히고, 채소밭이 쑥대밭으로 변한 것을 본 후 그는 3천여 평(9,900㎡)의 둘레에 울타리를 설치했다.

 처음엔 야생동물들과 같이 먹겠다는 심정으로 그들이 들락거리는 것을 예사로 여겼지만, 동물들이 더불어 살고자하는 공생(共生)관계를 이해하지 못하는데다 애써 지은 농작물에 대한 피해도 많아서 어쩔 수없이 울타리를 만들었다고 했다.
 울타리 주위에는 편백나무를 심어 팔미라의 거대한 병풍(屏風)이 되게 했다.

 그로부터 나는 한 달에 한두 번 그를 찾아갔다.
 그곳에 가면 생활에 들뜬 마음이 가라앉았다.
 평화와 고요, 침묵이 감도는 성소(聖所) 같은 느낌이 들었다.

 봄이 다섯 번이나 흘렀고 서원열의 얼굴에도 주름이 늘어갔다.

팔미라 가는 길은 연어가 거슬러 올라가듯 사람들의 발길이 이어졌다.

편백나무 진입로가 사람들을 불러 모은 것이다.

예상치 못한 방문객들이 몰려들자 서원열은 쉼터를 만들고, 팔미라를 체험할 수 있게 했다.

한여름 사람들이 옹달샘에서 물을 벌꺽 벌꺽 들이키며 갈증을 해소하는 모습을 보는 것을 그는 큰 즐거움으로 여긴다고 했다.

인적이 뜸해지는 저녁 무렵이나 새벽녘, 그리고 밤이 되면 둠벙에는 적지 않은 동물들이 물을 마시러 오거나 놀다 간다고 했다.

둠벙 주변에는 편백나무와 중국 신장위구르 지역에서 가져와 심었다는 신장포플러(백양나무)가 있었는데 물총새와 청호반새 등이 날아와 물고기 사냥을 하는 무대가 되었다.

예전에 잘 보이지 않던 제비도 날아와 목욕을 하고 후투티와 꾀꼬리, 파랑새들도 찾아들었다.

어떤 땐 서원열이 휘파람을 불자 딱새가 날아와 그의 손가락위에 앉았다.

그는 초여름 한낮 뻐꾸기의 구성진 소리와 한여름 밤 애잔하게 노래하는 소쩍새 소리가 들리면 향수에 젖곤 한다고 했다.

늦여름 밤에는 반딧불이들이 짝을 찾아 날아다녔고, 가을밤에는 풀벌레소리가 교향악이 되어 산자락을 덮었다.

겨울밤에는 부엉이 노랫소리가 숲속으로 물감처럼 번져 나갔다.
한밤중에는 멧돼지들이 진흙 목욕을 하고 갔고, 오소리와 족제비, 너구리 등도 찾아온다고 했다.
간혹 밤의 제왕이라는 삵과 민첩하기 이를 데 없는 담비도 무리지어 나타나 날렵한 맵시를 뽐내기도 했다.

팔미라에는 채소밭, 과수원, 편백나무 숲길, 차밭 길, 소나무 숲, 꽃밭 등 여섯 가지 형태로 나눠져 있었다.
편백나무 숲길에는 야자매트를 깔아 걷는 즐거움을 더했다.

솔숲에는 통나무를 사각 형태로 1m가량 쌓아 올린 곤충 집 세 채가 있었다.

그곳에는 장수풍뎅이, 사슴벌레, 무당벌레, 달팽이, 귀뚜라미 등 온갖 곤충들의 보금자리가 되었다.

곤충들을 배려하자 더 많은 종류의 새가 날아들어 팔미라에는 사계절 내내 새소리가 끊이지 않았다.

새벽 무렵과 해질녘엔 예불을 알리는 성주사의 종소리가 아스라이 들려왔다.

볼거리가 많아지자 팔미라에는 봄부터 가을까지 채소와 과수, 그리고 경관을 보기 위한 체험학습 버스가 들어오기도 했다.

방문자들과 학습에 참가하는 학생들이 늘어나자 이곳을 아끼는 일곱 명이 자원봉사단을 결성했다.

서원열은 자원봉사단원들이 팔미라의 주인이고, 이곳을 찾는 사람들은 손님이라고 했다.

탐방객들이 늘어나자 성주사 가는 길은 가끔 주말 교통체증이

팔미라 - 깊은 산속의 기적 -

일어났다.

 절을 찾는 사람들의 불만의 목소리가 높아지면서 민원이 제기되자 공무원 두 명이 찾아왔다.

 그들은 서원열을 찾아 "당국에 허가도 받지 않고 왜 이 같은 일을 하느냐"면서 "돌아가 법률검토를 한 후 적절한 조치를 취할 것"이라고 했다.

 서원열은 아무 말을 하지 않았다.
 이를 지켜 본 자원봉사단원들은 "불법행위를 하는 것이 없는데 무슨 근거로 처벌하겠다고 하느냐"며 공무원들에게 따졌다.
 공무원들은 "두고 보면 알 것"이라는 말을 남기고 돌아갔다.

 그로부터 며칠이 지나 직급이 높아 보이는 한 공무원이 찾아 왔다.
 "법률검토를 해 본 결과 불법적인 것은 없었다"고 했다.
 그는 이어 "관(官)에서도 적극 노력하겠지만 팔미라에서도 주말 성주사를 찾는 사람들이 불편하지 않도록 교통관리에 신경을 써

주면 좋겠다"고 한 후 돌아갔다.

 새봄 앵두나무를 필두로 살구나무, 자두나무, 복숭아나무, 무화과나무, 대추나무, 호두나무, 사과나무, 비파나무, 감나무, 체리나무 등 온갖 과수들이 꽃을 피우고 열매를 맺었다.

 사람들은 과수원에서 한 종류의 과수를 볼 기회는 많지만 이처럼 한 곳에서 여러 과수를 보는 것은 드문 일이라고 했다.

 콩, 쑥갓, 고구마, 감자, 땅콩, 오이, 딸기, 수박, 참외 등 밭에 나는 채소와 과수들이 꽃을 피울 때 마다 벌들이 '웅- 웅-'거렸다.

 진입로의 편백나무와 옹달샘, 둠벙, 채소밭과 과수원이 어우러져 장관을 이루어도 사람들은 그저 즐기기만 할 뿐 조성 과정에 대해서는 관심이 없었다.

 해거름녘 방문자들이 썰물처럼 밀려가면 서원열은 원두막에서 가부좌를 틀고 명상(冥想)에 빠져 들곤 했다.

한 번 단전호흡을 하면 20여분 가량은 미동(微動)도 하지 않았다. 그럴 땐 욕망의 실과 번뇌(煩惱)의 매듭이 끊어진 것처럼 보였다.
어떤 땐 무술 같은 것을 했는데 나는 자원봉사단원에게 무엇을 하는 것이냐고 물어보았다.
국선도(國仙道)라고 했다.

그가 주로 하는 외공(外功)은 청산선사(靑山先師)가 체계화한 민족의 문화유산 청산기화권(靑山氣化拳)으로 음양오행(陰陽五行)에 바탕 한 오공법(五功法)이었다.
오공법은 두루미의 날갯짓이나 춤, 구애(求愛), 먹이활동 등을 형상화한 것으로 부드러우면서도 힘차고, 우아하면서도 태산 같았다.

나는 가끔 해질녘, 맑고 깨끗하기가 호수 같은 그의 가부좌한 모습과 깊이를 알 수 없는 청산기화권에 매료되어 먼발치에서 한참 동안 바라보았다.

그는 매일 팔미라 일대의 차나무와 편백나무 숲길을 걷고 과수와 채소밭을 돌보며, 심신을 수련(修鍊)하는 것으로 보냈다.

말과 행동을 근신(謹愼)하고, 음식을 절제(節制)한 그는 언제부터인가 근심과 걱정이 사라졌다고 했다.

그는 모든 의문이 해소되어 마침내 탐욕의 불이 꺼진 것처럼 보였다.

팔미라에는 거의 매일 사람들이 찾아왔다.
자원봉사단원들이 방문자들을 안내하고, 제철에 수확한 과일과 채소를 조금씩 나누어 주었다.

예술가들은 영감(靈感)을 얻기 위해, 청소년들은 생명의 소중함을 느끼기 위해, 장삼이사(張三李四)들은 안식과 위안을 얻기 위해 찾아들었다.

그것은 마치 새들이 숲에 깃드는 것처럼 보였다.
조건 없이 베푸는 대자연에게서나 어울리는 일이 팔미라에서는

팥시라 - 깊은 산속의 기적 -

현실이 되었다.

 고독과 침묵 속에서 자신과의 투쟁을 통해, 젖과 꿀이 흐르는 땅을 일굴 수 있다는 것을 생각하면 나도 모르게 숙연(肅然)해졌다.

 묵상(默想)하듯 자신을 닦고 묵묵히 일을 한 늙은 농부에게서 물질이 아닌 정신적인 것이, 이기(利己)가 아닌 이타(利他)적인 생각과 행동이 가져온 결과를 보고 있으면 인간은 참으로 위대해 질 수도 있다는 생각이 들었다.

 꾀꼬리가 팔미라에 천상의 노래처럼 활력을 불어넣던 2020년 입하(立夏) 무렵,
 천지인(天地人) 합일(合一)을 꿈꾸었던 서원열은 할일을 다 마친 사람이 선정(禪定)에 든 듯 자연의 품에 안겨 편안히 눈을 감았다.

-끝-

이타적 시원(始原)을 회복해가는
신성한 노동,
강병국의 소설

-유성호(문학평론가, 한양대학교 국문과 교수)

1. 우리 시대의 문학적 역상(逆像)

강병국(姜秉國)의 단편소설 「팔미라」는, 문명사회의 한복판에서 작가가 대안적 방식으로 삼고 있는 생태적 사유와 실천의 형상을 견고한 짜임과 문체로 보여준 미학적 결실이다.

전쟁과 기아, 바이러스 등 다양한 문제군(群)과 함께 다가온 환경위기의 징후로부터 발원한 생태적 사유와 실천은 모든 생명이 평등한 권리를 가진다는 인식에 바탕을 둔다.

인간과 자연이 호혜적 상생의 관계를 가져야 한다는 것을 주문하는 이러한 흐름은, 인간과 자연이 외따로 사는 것이 아니라 끊임없이 상호 간에 얽히고 변화를 겪는 과정적 실체임을 전제로 한다.

말할 것도 없이 '자연'이란 인간에게는 유일한 물리적 환경(Umgebung)이지만 스스로는 생명을 생성하고 유지해가는 완결된 세계인데, 이러한 자연을 변형하고 파괴하는 무분별한 건설과 질주의 상상력이 지배하는 우리 시대에 작가는 그 문학적 역상(逆

像)으로서 이 소설을 준비한 것이다.

 물론 자연을 절대적인 성스러움으로 완상(玩賞)하거나 반(反)문명 포즈만을 극대화하는 것으로는 이러한 과제에 부응할 수 없을 것이다.

 판에 박은 듯한 주객합일이나 자연에 대한 절대몰입 경지도 권장할 사항은 못된다.
 자연의 반대편에 인간에 대한 불신과 혐오를 배치하는 것 또한 바람직하지 못하다.
 자연은 선하고 인간은 악하다고 생각하는 것은 그 자체로 반(反)생태적이기 때문이다.

 우리 시대의 작가들은 이러한 점들을 경계하면서 그 철학적 기반을 넓혀야 하는 과제들을 안고 있는 셈인데, 강병국의 소설은 이러한 흐름 속에서 착안되고 완성된 결실로서, 인간과 자연이 상호의존하면서 살아야 한다는 자각을 아름다운 형상으로 제시해준다.

 이제 그 세계 안으로 들어가 보도록 하자.

2. 이기가 아닌 이타가 가져온 시원(始原)의 세계

작가는 작품의 프롤로그 형식으로 찰스 다윈의 말을 인용하고 있다.

"인간은 자신의 이익을 위해서만 선택하지만, 자연은 자신이 돌보는 모든 존재를 위해 선택한다"라는 말인데, 여기에서는 이기적인 인간과 이타적인 자연의 선택 행위를 대조적으로 암시하고 있다.

그렇게 이 대목은 자연의 넓은 품으로 돌아가 새로운 삶의 차원 곧 모든 존재자들을 돌보는 방식을 회복해가야 한다는 전언(傳言)을 담고 있다.

40여 년 전 겨울 이른 아침에 '나'는 불모산 산행을 나섰다. 동쪽으로는 장유사가 있고 서쪽으로는 성주사가 있는데, '나'는 성주사 아래쪽 골짜기를 따라 올라가는 길을 택했다.

그곳은 숲과 하늘만 보이는 '깊은 산속'이었고, 가재나 도롱뇽도 살고 있는 청정지역이었다.

새로운 길을 한번 찾아보려던 것이 결국에는 맹추위 속에서 한 남자를 만나게 되었는데, 그는 그때 낫으로 덤불을 걷어내고 톱으로 나무를 베고 있었다.

가까이 다가온 '나'에게 별 관심을 두지 않은 채 그는 하던 일을 계속할 뿐이었다.

> 그는 자신이 하는 일에 혼신의 힘과 정성을 쏟아 마치 수련하는 사람이 명상에 빠져든 것처럼 보였다.
> 고독과 침묵에 투신한 것 같은 그를 보며 나는 어떤 엄숙함과 경건함이 느껴졌다.
>
> 옷은 허름했으나 눈매는 살아 있었고 표정은 온화했다.
> 성품은 너그러우면서도 확신에 차 있는 것처럼 보였다.
> 그가 말을 하지 않았기에 나도 말을 하지 않았다.
> 너무 오래 말을 하지 않아 순간적으로 말을 잃어버린 사람은 아닐까 하는 생각이 들었다.

혼신의 힘과 정성, 수련과 명상, 고독과 침묵, 엄숙과 경건, 살아 있음과 너그러움, 온화함과 확신이 그를 소묘하는 단어들이다.

예사로움을 넘어서는 그를 '나'는 지근(咫近)에서 관찰하였는데, 그에게서는 묵묵히 자신의 일을 해야겠다는 의지가 강하게 보일 뿐이었다.

그렇게 '큰 바위 같은 무게감'으로 다가온 그를 '나'는 얼마 후 입춘이 가까운 산행 길에서 다시 만났다.

그는 그동안 "아버지를 멀리 떠나보냈다"라고 했다.
어머니의 사랑을 형제들보다 덜 받아서 자신을 따뜻하게 감싸준 자연을 의지하게 되었다고도 했다.

예수나 부처나 마호메트가 영적 지도자로 당연히 추앙받아야 하지만, '자연'은 생명체들을 살려내고 있으니 더 위대한 가치가 있다고도 했다.

그는 남들이 알아주지 않아도 이러한 신념으로 자신을 지켜가는 구도자의 모습을 띤 것처럼 보였다.

그 후로 군 복무를 마친 '나'는 어렵사리 신문사에 몸담게 되었고 기자라는 직업에 심리적 안정감을 얻게 되었다.

문득 그가 생각나 장맛비 내리는 여름날 산에 올라 예전처럼 확신에 차서 일을 하고 있는 그를 다시 만난다.

그는 넓은 땅에 온갖 나무들과 갖가지 채소들을 심고, 대수롭지 않던 가시덤불을 기름진 땅으로 변화시켜놓았다.

그때 그가 쉰다섯 살의 '서원열'이라는 이야기를 들었다.

그는 수확한 과일은 자신과 주변 사람들이 나누어 먹었고, 남은 것은 가난한 이웃에게 주었으며, 땅과 하늘이 허락한다면 더 많은 과일과 채소를 수확하여 사람들과 함께 먹을 수 있을 것이라며 기대감에 부풀어 있었다.

> 한 인간이 욕망으로부터 자유롭고 신성한 노동에 참여해 자연을 닮은 삶을 살아가면서 성취하는 현장을 목격한다는 것은 행운이다.
> 이기적인 생각을 버리고 가치 있는 일에 몰두해 많은 이들에게 기쁨과 위안을 준다면 우리는 그를 고결한 정신을 가진 영혼으로 여겨도 좋을 것이다.

결국 '나'는 한 인간이 욕망으로부터 자유로워져서 '신성한 노동'에 참여할 때 자연을 닮아가게 되고 마침내는 "이기적인 생각을 버리고 가치 있는 일에 몰두해 많은 이들에게 기쁨과 위안을 준다"는 이치를 깨달아간다.

그때 '그'는 고결한 정신을 가진 영혼으로 다가온다.
그는 그곳을 '팔미라'라고 불렀는데 그 말은 '사막 속 오아시스'라는 뜻을 품고 있었다.

수확한 과일을 맛보는 것을 원초적 행복으로 여긴 그는, 하루가 다르게 자라는 채소를 바라보는 것이 희열이라고도 했다.

얼마 후 '나'는 원시 자연 늪을 지키기 위해 아름다운 환경단체를 결성하여 지킴이를 자처하게 되었다.

자연을 닮아가는 사람들과 함께 하고 싶어서였고, 미래 세대에게 환경의 중요성을 일깨우기 위해 잠들지 않아야 한다고 생각한 결과이기도 했다.

환경단체가 자리가 잡힌 4년 후 '나'는 그를 다시 찾았다.
팔미라는 헤아릴 수 없이 많은 종류의 생명들이 찾아오는 곳이 되었고, '나'는 거기서 평화와 고요, 침묵이 감도는 성소(聖所)의 느낌을 받았다.

그곳은 이제 온갖 곤충들의 보금자리였고, 많은 종류의 새가 날아들고 새벽녘과 해거름엔 성주사 종소리가 들려오는 곳이 되었다.

방문자들도 늘어났다. 그는 해질녘 방문자들이 돌아가면 가부좌를 틀고 명상에 빠졌다.

조건 없이 베푸는 대자연에게서나 어울리는 일이 팔미라에서는 현실이 된 것이다.

> 고독과 침묵 속에서 자신과의 투쟁을 통해, 젖과 꿀이 흐르는 땅을 일굴 수 있다는 것을 생각하면 나도 모르게 숙연(肅然)해졌다.
>
> 묵상(默想)하듯 자신을 닦고 묵묵히 일을 한 늙은 농부에게서 물질이 아닌 정신적인 것이, 이기(利己)가 아닌 이타(利他)적인 생각과 행동이 가져온 결과를 보고 있으면 인간은 참으로 위대해 질 수도 있다는 생각이 들었다.
>
> 꾀꼬리가 팔미라에 천상의 노래처럼 활력을 불어넣던 2020년 입하(立夏) 무렵,
> 서원열은 할 일을 다 마친 사람이 선정(禪定)에 든 듯 자연의 품에 안겨 편안히 눈을 감았다.

'나'는 서원열이 고독과 침묵 속에서 자신과의 투쟁을 통해 땅을 일구어간 것에 대해 숙연한 경의를 표한다.

그는 '묵상하듯 자신을 닦고 묵묵히 일을 한' 늙은 농부였지만,

'물질이 아닌 정신적인 것이, 이기가 아닌 이타적인 생각과 행동이 가져온' 어마어마한 결과를 우리에게 보여주었다.

어느 여름이 시작될 무렵 명상에 빠져든 듯 자연의 품에 안겨 떠난 '그'를 두고 '작가 강병국'은 이렇게 소상하고 아름다운 기록을 남겼다.

그 안에는 물질이 아닌 정신이, 이기가 아닌 이타가 가져온 시원(始原)의 세계가 환하게 펼쳐져 있다.

물론 이러한 내용 전개는 다분히 자전적(自傳的)이고, 일종의 실화를 바탕으로 한 실명소설에 가까워지는 속성을 띤다.

또한 이 작품은 장편소설에 더 적합할 정도로 한 사람의 일생과 거기서 비롯되는 정신적 가치에 대한 철학적 깨달음이 충실하고도 풍부하게 녹아 있다는 점이 부가(附加)될 만하다.

그동안 뭇 생명의 희생을 밑거름으로 펼쳐진 자연 개발이 우리에게 되돌려준 재앙은 혹독한 것이었다.

근대의 절정이자 황혼에 대한 항체(抗體)로서 존재감을 부여받고 있는 생태적 사유와 실천은, 이러한 인간의 이기적 행태에 대한 비판적 속성을 거느리고 펼쳐간다.

또한 그것은 근대적 개발 논리에 대한 반성적 지표를 세우는 일이기도 하다.

'작가 강병국'이 형상화한 팔미라의 시공간은 생명이라는 근원적 실재를 통해 우리 시대의 가장 심층적인 생태적 모형으로 다가오고 있다.

한 시대의 핵심을 읽어내고 그것을 선도하는 예언자적 기능이 작가들에게 있다면, 강병국의 소설은 그러한 기능을 다하고 있는 셈이다.

3. 자연과 인간의 공존과 호혜적 원리 탐색

고대 서양인들은 자연에 신성이 깃들여 있다고 보았다.

이들은 자연에 대한 경외심과 신비로움을 자연스럽게 표현하였으며, 거기에 그치지 않고 인간이 신(神)에 의해 창조된 것을 거부할 권리가 없다고 생각하여 자연을 변화시키는 일은 어떤 형태로든지 삼가는 노력을 기울였다.

물론 그 후로는 사회 질서를 위해 필요한 도구인 과학과 기술에 의해 변용되는 대상으로 자연을 이해하게 되었다.

이러한 자연관은 자연과 인간이 서로 대립한다고 보게 되었다.

따라서 자연은 필연적으로 인간에게 위협의 근거이고 불안의 요소이며, 인간의 자연에 대한 정복과 지배는 필연적이라는 관점이 도출되었다.

결국 서양의 자연관은 이원론적 형이상학과 인간 중심적 세계관을 함축하고 있는 셈이다.

하지만 동양에서는 전혀 다른 자연관이 펼쳐졌다.
동양 미학에서 자연과 인간은 조화롭게 공존하고 통합하는 일원론적 관점에 의해 파악되었다.

특히 자연은 '도(道)'의 속성을 공유한 것으로서, 외관만으로 나타나는 것이 아니라 '도'의 비유이자 상징으로 나타나는 것이기도 했다.

자연을 비유와 상징의 고리로 인식한 동양 미학은 그래서 자연 사물에 풍부한 존재론적 의미를 입히게 되었다.

자연은 생명이 돌아가 안착하는 본향이나 영원한 모태로서, 인간에게는 창조 행위의 에너지원이 되어주었다.

이러한 동양 미학에 바탕을 둔 포용과 상생의 마음은 우리 시대의 강력한 윤리학이 되었다.

　자연과 우주를 타자로 몰아붙였던 지난날에 대한 반성을 내포한 생태적 사유와 실천은 아직도 우리 사회의 미해결인 과제들 가령 계층, 지역, 젠더, 분단 등에 대한 안목과 결합하는 생산적 담론으로 발전해가고 있다.

　이 같은 도정(道程)에서 강병국 작가는 자연을 통한 신비주의를 경계하면서 인간과 자연의 상보성(相補性)을 궁구(窮究)해가는 역량과 열정을 보여주었다.

　자연과 인간이 공생해야 한다는 자각을 바탕으로 자연을 신성한 것(the sacred)이 깃들인 유기적 생명체로 받아들이는 작가의 품이 넓고 깊게 다가온다.

　그것은 자연을 인간의 이기적 욕망 실현을 위한 자원(資源)으로 생각해온 논리에 대한 반성적 시선을 깊이 함유하고 있는 것이다.

자연의 '스스로(自) 그러함(然)'을 되돌려주려는 마음을 통해 그동안 망각되었던 생태적 가치를 활발히 끌어들이는 데서 작가의 품과 격은 넉넉히 입증되어갈 것이다.

이처럼 이타적 시원을 회복하고 탈환해내는 신성한 노동을 통해 자연과 인간의 공존 그리고 호혜적 원리를 탐색한 이 작품을 딛고, 강병국 작가는 더 심원(深遠)한 작품 세계로 나아갈 것이다.

오랜 언론인 경력에 생태적 복원 사업에 헌신해온 스스로의 작업을 이어가면서 자신만의 세계를 깊이 굴착해갈 것이다.

그 웅숭깊은 세계가 더 아름다운 언어로 우리에게 다가오게 되기를 마음 깊이 소망해본다.

-끝-

좋은 것은 사라지지 않는다.

- 쇼생크 탈출

팔미라 -깊은 산속의 기적-

초 판 인 쇄	2020년 6월 8일
초 판 발 행	2020년 6월 12일
저　　자	강병국
삽　　화	김용우
켈리그라피	류경아
발 행 인	김갑용
발 행 처	진한엠앤비
주　　소	03745 서울시 서대문구 독립문로 14길 66 205호(냉천동 260)
전　　화	02)364-8491(대)　팩　스 02)319-3537
홈페이지	www.jinhanbook.co.kr
등록번호	제25100-2016-000019호 (등록일자 : 1993년 05월 25일)

ⓒ2020 jinhan M&B INC, Printed in Korea

디자인·인쇄　알래스카인디고㈜

I S B N　979-11-290-1587-7 (03800)
정　　가　10,000원

※ 이 책에 담긴 내용의 무단 전재 및 복제 행위를 금합니다.
※ 잘못 만들어진 책자는 구입처에서 교환해드립니다.